DK

Mein liebstes Buch der Dinosaurier

und anderer Lebewesen der Urzeit

Text: Dr. Dean Lomax
Illustrationen: Jean Claude, Kaja Kajfež, Marc Pattenden, Sara Ugolotti

Inhalt

Säugetiere

Säugetiere haben ein Fell oder Haare. Die Mamas säugen ihre Jungen mit Milch.

Smilodon

Amphibien

Amphibien leben an Land und im Wasser.

Seymouria

Wirbellose Tiere

Diese Tiere haben keine Wirbelsäule. Würmer und Insekten gehören zu dieser Gruppe.

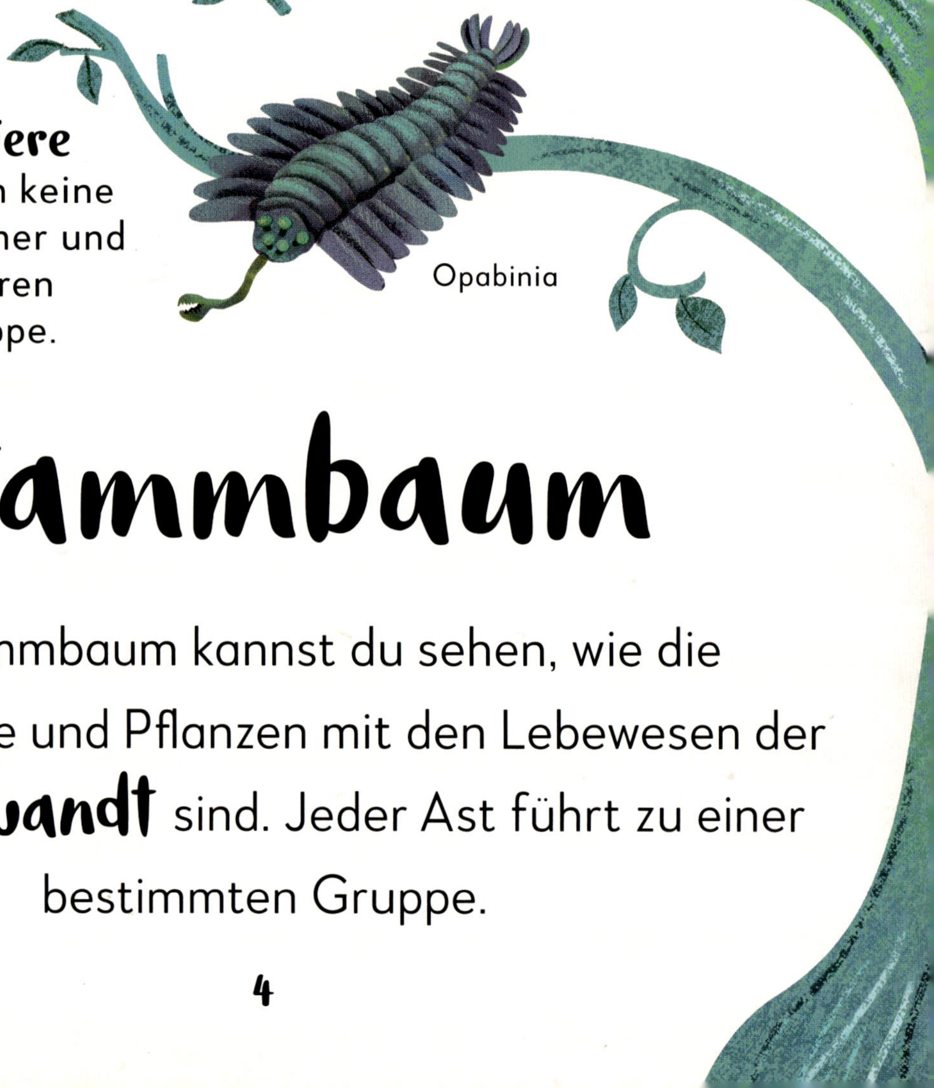

Opabinia

Stammbaum

Am Stammbaum kannst du sehen, wie die heutigen Tiere und Pflanzen mit den Lebewesen der Urzeit **verwandt** sind. Jeder Ast führt zu einer bestimmten Gruppe.

Spinosaurus

Reptilien

Reptilien haben eine schuppige Haut. Sie legen ihre Eier an Land.

Vögel

Die Vögel haben sich aus Dinosauriern entwickelt. Sie tragen Federn und legen Eier mit harten Schalen.

Confuciusornis

Lepidotes

Fische

Fische haben Kiemen statt Lungen und leben im Wasser.

Pflanzen

Pflanzen brauchen zum Wachsen Sonnenlicht und Wasser. In der Urzeit entwickelten sich aus Algen die ersten Landpflanzen.

Archaeanthus

Fossilien

Fossilien sind Teile von urzeitlichen Lebewesen, die zu **Stein** geworden sind. Deshalb wissen wir, welche erstaunlichen Tiere und Pflanzen vor sehr langer Zeit auf der Erde gelebt haben.

Lebender Ammonit

Versteinerter Ammonit

Versteinerung

Wenn ein Tier gestorben ist, wird es manchmal mit Schlamm bedeckt. Im Lauf der langen Zeit verwandeln sich die harten Teile des Körpers zu Stein.

Verschiedene Fossilien

Körperfossilien

Das sind versteinerte Körperteile von Tieren oder Pflanzen, wie Knochen, Zähne, Blätter oder Muschelschalen.

Dinosaurierzähne sind oft versteinert.

Spurenfossilien

Manchmal sind sogar Fußspuren der Urzeittiere versteinert. Sie verraten etwas über das Tier.

An den Fußspuren können Forscher oft erkennen, wie schnell das Tier gelaufen ist.

Bernstein

In diesem Bernstein ist ein Insekt aus der Urzeit eingeschlossen.

Manchmal bleibt ein kleines Tier an Baumharz kleben. Das Harz wird allmählich zu hartem Bernstein.

Im Meer

Lange bevor es Dinosaurier gab, entstand das Leben im Meer. Hier lebten viele **lustig** aussehende Tiere.

Anomalocaris

Dieser seltsame Typ
war ein Räuber.
Er fraß viele kleinere
Tiere.

Pikaia

Pikaia sah ein bisschen
wie ein plattgedrückter
Aal aus.

Ottoia war ein Wurm, der in einem Bau im Boden lebte.

Der Mund von
Ottoia war von
vielen Häkchen
umgeben.

Ottoia

Riesenlibelle

Meganeura war ungefähr so groß wie eine Taube. Sie war das **größte** Insekt, das jemals auf der Erde gelebt hat. Sie sah wie eine Libelle aus und fing ihre Beute im Flug.

Edaphosaurus

Dieses Tier sah aus wie eine Echse, aber es war ein Verwandter der pelzigen Säugetiere. Mit seinem großen **Rückensegel** konnte es die Sonnenwärme einfangen.

Edaphosaurus fraß nur Pflanzen.

Dimetrodon

Dieses Tier war ein gefährlicher **Räuber**. Es sah ähnlich aus wie ein Dinosaurier, aber es lebte auf der Erde, als es noch keine Dinos gab.

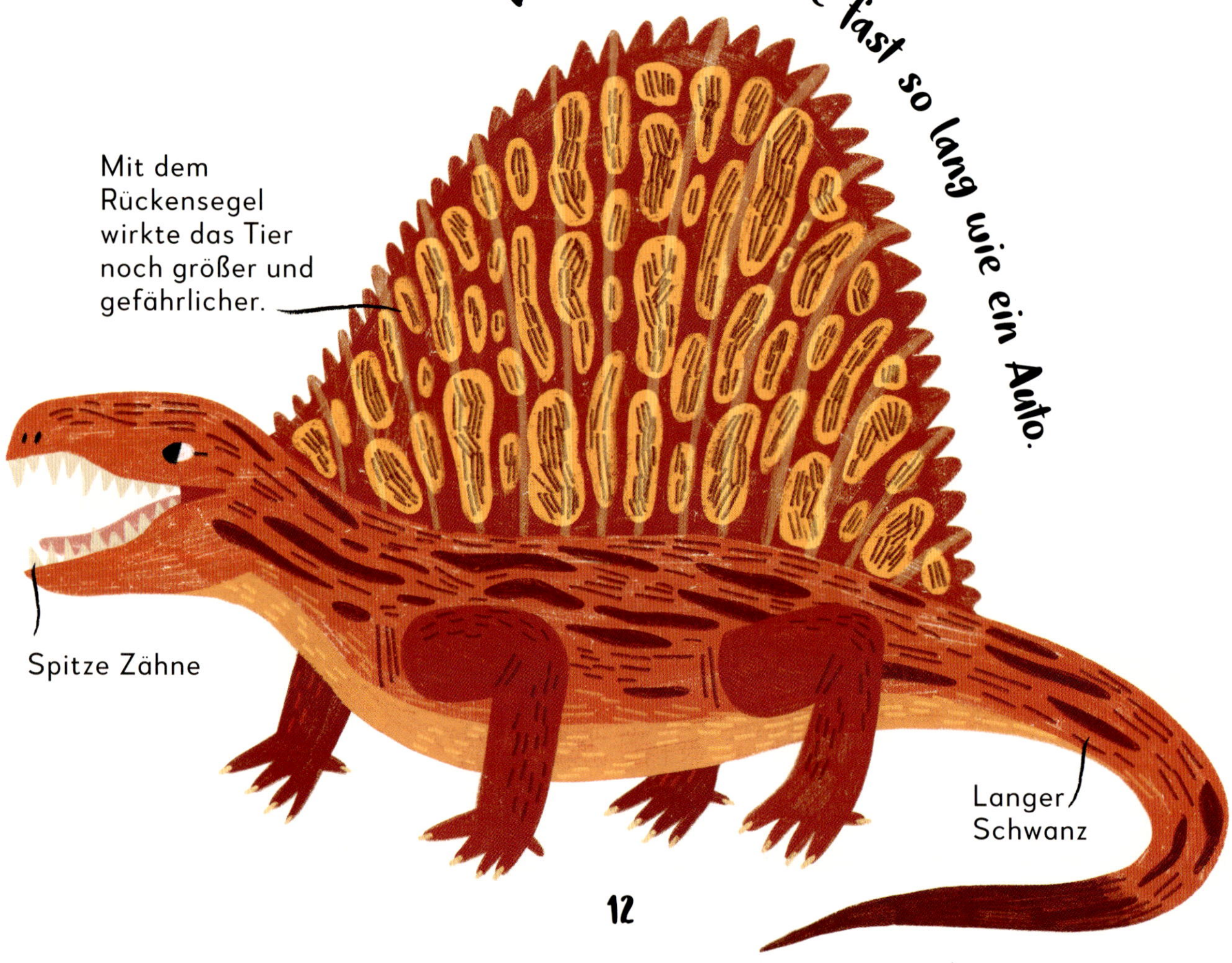

Seymouria

Seymouria war eine **Amphibie**.
Das Tier war so lang wie ein großer Dackel.
Mit seinen spitzen Zähnen schnappte es
sich Insekten und andere kleine Tiere.

Schild-Echse

Dieses wuchtige Reptil fraß Pflanzen und war so groß wie eine **Kuh**. Seine Haut war mit Höckern aus Knochen besetzt, die Schutz boten, wenn ein gieriger Räuber angriff.

Elginia

Elginia lief gebückt und pflückte Pflanzen ab, die sein Lieblingsessen waren. Überall an seinem Kopf trug das Tier **Stacheln**, denn es musste gefräßige Feinde abwehren.

Nothosaurus

Der Meeressaurier jagte seine Beute im seichten Wasser. Mit seinen spitzen Zähnen packte er glitschige **Fische**. Wenn er davon erschöpft war und sich ausruhen wollte, kam er an Land.

Schaufel-Rüssel

Stagonolepis war ein **Pflanzenfresser**. Mit seinen kräftigen Vorderbeinen buddelte es in der Erde nach Knollen und Wurzeln.

Sümpfe

In der Urzeit überschwemmten oft **Flüsse** das Land. In solchen weiten Sümpfen lebten viele Tiere. Unter ihnen waren auch die ersten Dinosaurier.

Dieser flinke Fleischfresser hatte spitze Krallen und Zähne.

Der schauerliche Saurosuchus war ein Reptil, das Dinosaurier jagte.

Die Fossilien von all diesen Tieren hat man in Südamerika gefunden.

Der kleine Dino war nur ungefähr so schwer wie eine Katze.

Eodromaeus

Mit seinem sonderbaren Maul grub dieses Reptil leckere Pflanzenwurzeln aus.

Hyperodapedon

Shonisaurus packte mit seinen scharfen Zähnen Tintenfische, Fische und andere Reptilien.

Shonisaurus

Shonisaurus war ein Ichthyosaurier mit einer langen Schnauze. Er war riesig und wurde sogar länger als ein **Buckelwal**.

Eoraptor

Der flinke Eoraptor lebte in der Urzeit in Südamerika. Er war einer der ersten Dinosaurier auf der Erde und nur ungefähr so groß wie ein **Fuchs**.

Vor diesem Räuber hatten so ziemlich alle anderen Tiere Angst.

Leichtgewicht

Dieser dünne Dino war ein Fleischfresser, der kleine Reptilien und Fische fing. Er konnte sehr schnell rennen und lebte zusammen mit seinen Verwandten in einer **Gruppe**.

Gefährlicher Räuber

Postosuchus war ein Verwandter der **Krokodile**. Er fing Dinosaurier und fraß sie auf.

Coelophysis wog nur 20 bis 30 Kilogramm und war damit sehr wendig.

Ichthyosaurus

Ichthyosaurus sah so ähnlich aus wie ein Delfin, aber er war ein **Meeres-saurier**. Er gehörte zur Gruppe der Ichthyosaurier.

Die Augen waren riesig. Deshalb konnte Ichthyosaurus im trüben Wasser gut sehen.

Ichthyosaurus hatte auch eine ähnliche Lebensweise wie ein Delfin. Im Bauch der Tiere ist oft die letzte Mahlzeit versteinert: Fische und Tintenfische!

Kopfschmuck

Dilophosaurus trug gleich zwei auffällige **Kämme** auf dem Kopf. Wahrscheinlich machte er damit mächtig Eindruck auf die Dino-Weibchen!

Verschiedenzähnige Echse

Dieser **borstige** Dino war ungewöhnlich, denn in seinem Maul saßen drei unterschiedliche Arten von Zähnen. Wahrscheinlich fraß er gern Pflanzen und auch Fleisch.

Großer Gürtelzahn

Dieses kleine **Säugetier** flitzte zwischen den Beinen der Dinos herum. Wenn ein Feind hinter ihm her war, versteckte es sich schnell in seinem Bau oder in einem Baumloch.

Dieses Kerlchen schlief wahrscheinlich tagsüber. In der Nacht war er unterwegs.

Riese mit Kamm

Cryolophosaurus war ein sehr großer und gefährlicher Fleischfresser. Seine Fossilien haben Forscher am eiskalten **Südpol** entdeckt, wo es in der Urzeit warm war.

Dactylioceras konnte im Wasser auf- und absteigen wie ein U-Boot, weil Gas in seiner Schale war.

Früher hielten die Menschen Ammoniten für versteinerte Schlangen

Schlangenstein

Dactylioceras war ein **Ammonit**. Das Tier hatte ein spiraliges Gehäuse wie eine Schnecke, aber es war ein urzeitlicher Verwandter der Tintenfische.

Fisch

Lepidotes war ein **Fisch**, na klar. In den Meeren und Seen gab es viele von ihnen. Sie zerknackten mit ihren harten Zähnen die Schalen kleiner Meerestiere.

Diese Fische landeten oft im Magen hungriger Meeressaurier.

Mächtige Paddel

Dieser gefährliche **Jäger** war ein riesiger Meeressaurier. Mit seinem enorm großen Maul packte er seine Beute.

Wie ein Tintenfisch konnte der Belemnit eine Tintenwolke ausstoßen, um seine Feinde zu verwirren.

Der Saurier musste zur Meeresoberfläche schwimmen, um dort Luft zu atmen.

Belemnit

Dieses Tier war mit den Tintenfischen verwandt. Mit seinen langen Tentakeln fing er geschickt Fische und schob sie sich ins Maul.

Yi

Yi sah ähnlich aus wie eine Fledermaus, aber er war ein Dinosaurier, der **Flughäute** hatte. Er ist der Dino mit dem kürzesten Namen!

Langhals

Mamenchisaurus war ein riesen-großer Dino, der so schwer wurde wie sechs Elefanten. Kein anderes Tier hatte jemals einen so **langen** Hals.

Mamenchisaurus fraß unglaublich viel, denn sein riesiger Körper brauchte jede Menge Energie.

Wie eine Peitsche schwang dieser Dino seinen unglaublich langen Schwanz, wenn er einen hungrigen Raubdino abwehren musste!

Diplodocus war länger als zwei Schulbusse hintereinander!

Stegosaurus

Obwohl er nur Pflanzen fraß, war Stegosaurus gar nicht harmlos. Er war so groß wie ein Elefant und hatte enorme **Platten** am Rücken und spitze Stacheln am Schwanz.

Diplodocus

Dieser Riese war einer der **längsten** Dinos aller Zeiten. Seine Zähne waren geformt wie Bleistifte. Mit ihnen streifte er Blätter von Bäumen ab.

Stegosaurus schwang seinen stacheligen Schwanz wütend hin und her, um Feinde zu vertreiben.

Inseln im Meer

In warmen Gegenden, in denen viele kleine **Inseln** im Meer lagen, lebten jede Menge Tiere an Land und im seichten Wasser.

Pterodactylus war ein Flugsaurier. Er packte im Flug Fische, die nah an der Meeresoberfläche schwammen.

Mesolimulus war ein Pfeilschwanzkrebs. Man hat auch versteinerte Fußspuren von ihm gefunden.

Der merkwürdige Flugsaurier hatte ein dreieckiges Segel am Schwanzende.

Rhamphorhynchus

Dieser Dino sah ähnlich wie ein Vogel aus. Er hatte Flügel mit Federn. Im Schnabel saßen aber Zähne, anders als bei den heute lebenden Vögeln.

Archaeopteryx

Compsognathus war nur so groß wie ein Huhn. Der Mini-Dino fing Eidechsen und Insekten.

Compsognathus

Brachiosaurus

Dieser **gigantische** Pflanzenfresser war einer der höchsten Dinos aller Zeiten. Er konnte Blätter von riesigen Bäumen abpflücken.

Ein erwachsener Brachiosaurus war so schwer wie **sechs** Elefanten! Seine starken, geraden Beine trugen seinen mächtigen Körper.

Wuerhosaurus

Dieser Dino war doppelt so groß wie ein Nashorn. Er war ein Cousin des berühmten Stegosaurus. Seinen Stachelschwanz **schwang** er mit Wucht gegen die Beine seiner Feinde.

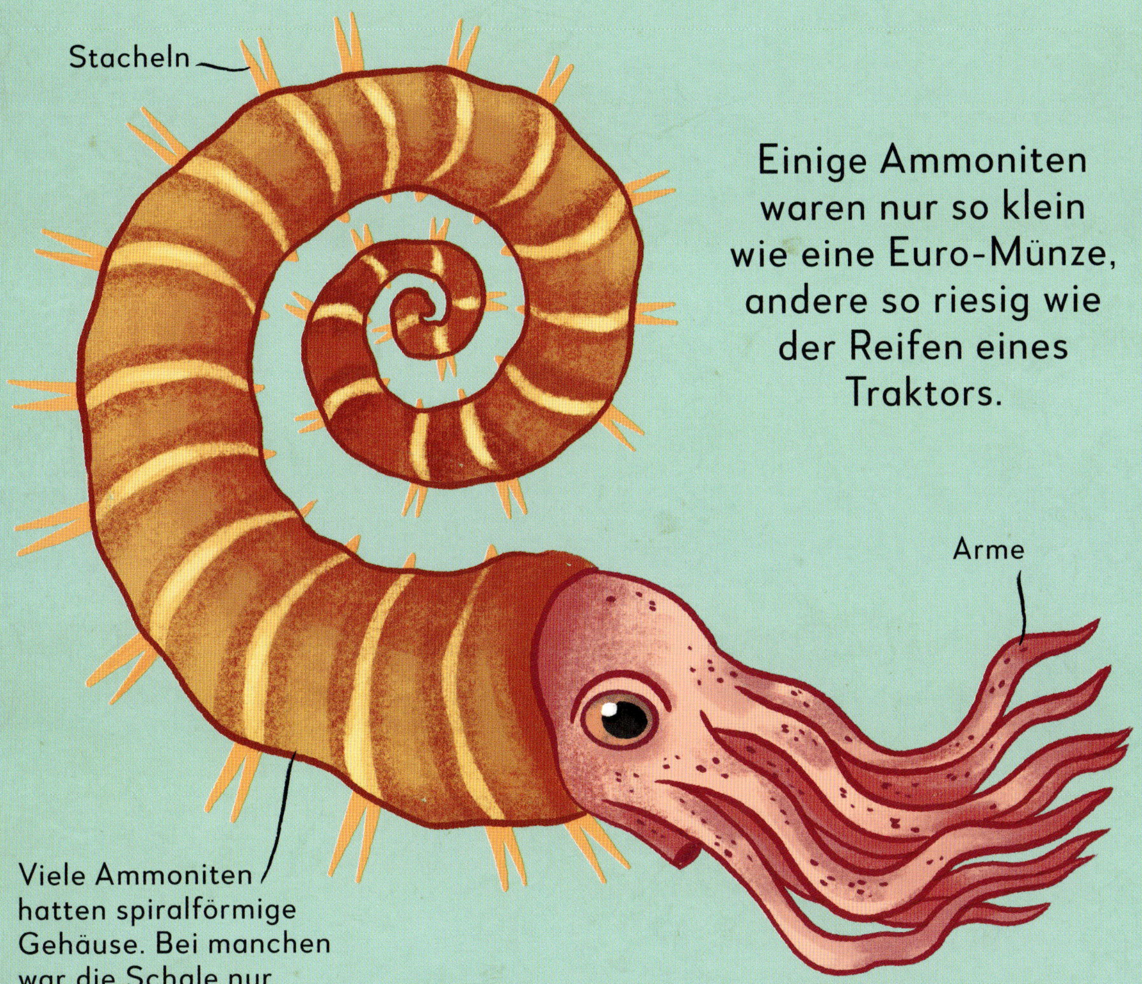

Einige Ammoniten waren nur so klein wie eine Euro-Münze, andere so riesig wie der Reifen eines Traktors.

Ammonit

Dieses Weichtier mit seinem seltsam geformten Gehäuse lebte im Meer, wo Räuber unterwegs waren. Die kleinen **Stacheln** waren sein wichtigster Schutz.

Polacanthus

Polacanthus trug jede Menge **Stacheln** und harte Platten. Er war also sehr gut gepanzert! Weil sein Bauch verletzlich war, lief er in gebückter Haltung.

Iguanodon

Diese starken Pflanzenfresser lebten in **Herden**. An jeder Hand saß ein Daumenstachel. Damit pflückten sie Blätter und Zweige ab und wehrten sich gegen Angreifer.

Schwere Kralle

Baryonyx war ein riesiger Räuber. Seine wichtigsten Waffen waren seine **Krallen** an den beiden Daumen. Er fraß Fische und manchmal auch andere Dinos.

Mei

Dieser Dinosaurier war nur so groß wie ein **Huhn**. Er hatte an jedem Fuß eine spezielle Kralle, die er beim Rennen hochhob. Sein chinesischer Name bedeutet „schlafender Drache“.

Im Wald

In den Urzeit-Wäldern lebten jede Menge Tiere. Kleine Dinos mit Federn jagten Insekten und die ersten größeren **Säugetiere** entwickelten sich.

Solche Vögel flatterten durch die Wälder. Nur die Männchen hatten lange, auffällige Schwanzfedern.

Psittacosaurus kümmerte sich manchmal um seine jüngeren Geschwister.

Borstenschnabel

Pterodaustro war kein Dino und auch kein Vogel. Er war ein **Flugsaurier**. Zusammen mit den Insekten flogen diese Reptilien in der Urzeit durch die Lüfte.

Der Flugsaurier hatte borstenähnliche **Zähne** im Schnabel. Mit ihnen filterte er kleine Tiere aus dem Wasser, so ähnlich wie ein Flamingo heutzutage.

Ewiger Schlaf

Der kleine Pflanzenfresser war ungefähr so groß wie eine **Ente**. Wenn Gefahr drohte, rannte er schnell weg und versteckte sich in seinem unterirdischen, sicheren Bau.

Die Vegetarier unter den Dinos fanden diese Pflanze sehr lecker.

Blütenpflanze

Dies war eine der ersten Pflanzen, die **Blüten** trug. Vielleicht waren sie so bunt wie viele Blumen, die es heute gibt. Man weiß es aber nicht.

Muttaburrasaurus

Der stämmige Dino hatte auf seiner Nase einen Sack aus Haut, den er aufblasen konnte wie einen **Ballon**. Dann klangen seine Rufe noch lauter und wilder!

Riesen-Dino

Dieser Riese war schwerer als zwölf Elefanten und länger als drei Schulbusse hintereinander! Er gehörte zur Gruppe der mächtigen **Titanosaurier**.

Argentinosaurus war eins der größten Tiere, die jemals an Land gelebt haben.

Spinosaurus

Spinosaurus war vielleicht der größte Fleischfresser aller Zeiten. Er konnte schwimmen! Mit seinem Schwanz paddelte er, wenn er Fische verfolgte, die so groß wie **Autos** waren.

Urzeitkrokodil

Dieser riesige Cousin der Krokodile war ein Räuber. Er **lauerte** geduldig im Wasser, bis ein durstiges Tier zum Trinken kam und schnappte dann blitzschnell zu.

Deinosuchus konnte mit voller Kraft zubeißen. Kein heutiges Tier hat so starke Kiefer.

Maiasaura

Diese Dinos bauten vulkanförmige **Nester** aus Erde. Alle Mütter legten ihre Eier gleichzeitig hinein, damit die Babys zur gleichen Zeit schlüpften.

Maiasaura bedeutet „Gute-Mutter-Echse".

Panzerkopf

Dieser stämmige Dino war enorm gut **gepanzert**. In seine dicke Haut waren Stacheln eingebettet, die jeden abschreckten, der ihn angreifen wollte.

Der Dino schwang seine Schwanzkeule Feinden entgegen.

Lambeosaurus

Dieser starke Pflanzenfresser war so groß wie ein Elefant. Der lustige Kamm auf seinem Kopf war hohl. Mit ihm konnte er laut **trompeten**!

Velociraptor

Velociraptor war ungefähr so groß wie ein Truthahn und jagte seine Beute. Obwohl er flauschige **Federn** hatte, konnte er nicht fliegen.

Schildkröte

Diese **Meeresschildkröte** war unglaublich groß. Mit ihrem scharfen Schnabel schnappte sie sich wabbelige Quallen und Tintenfische.

Archelon lebte im Meer, wo es riesige, hungrige Meeressaurier gab. Deshalb musste sie immer wachsam sein.

Mit ihren Flügeln bedeckte die Mama die Eier, um sie warm zu halten.

Citipati

Diese Dinos bauten Nester aus Erde, in die sie ihre **Eier** legten. Aus ihnen schlüpften die winzigen Babys. Sie wurden von ihren Eltern gut beschützt.

Albertonectes

Dieser Saurier paddelte durch das Meer. Sein Hals war länger als der einer Giraffe. Er fing **Fische**, die schon in der Urzeit in Schwärmen unterwegs waren.

Büffelechse

Der Dinosaurier war so groß wie ein Nashorn. Forscher vermuten, dass diese Tiere in Herden gelebt haben, denn man hat sehr viele **Fossilien** dicht beisammen gefunden.

Mosasaurus

Dieser **gigantische** Saurier lebte im Meer. Mit seinen Flossen steuerte er geschickt, wenn er seine Beute jagte.

Mosasaurus war das gefährlichste Tier im Wasser. Er erbeutete andere Meeressaurier und große Fische.

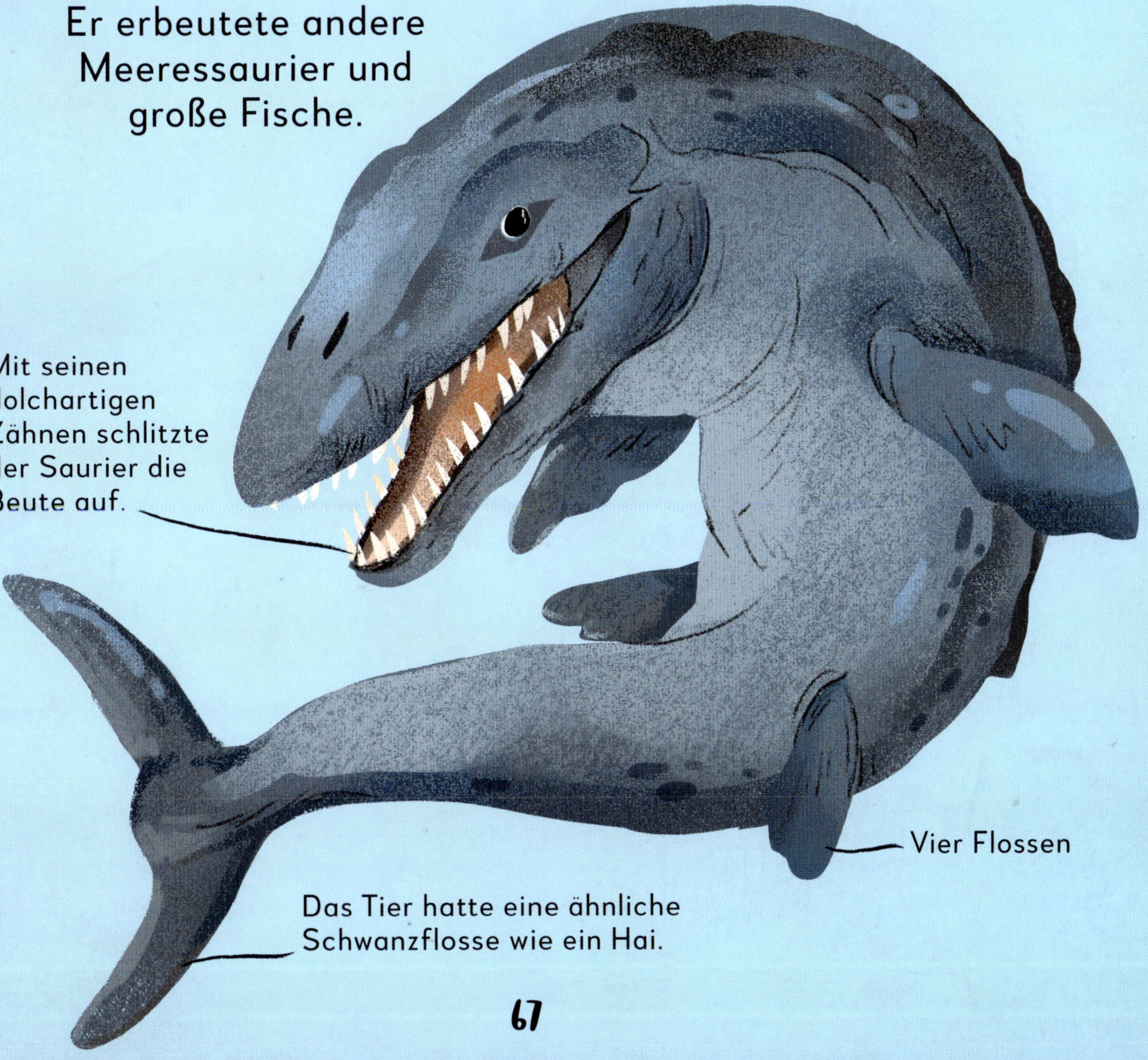

Gallimimus trug Federn an den Armen. Beim Rennen hielt er mit ihnen das Gleichgewicht.

Gallimimus

Ähnlich wie die heutigen Strauße sahen diese Dinos aus. Auch sie konnten **blitzschnell** sprinten, wenn sie auf der Flucht waren.

Buckelriese

Dieser sonderbare Dino war ein zahnloser Riese. Er fraß nur Pflanzen, kein Fleisch. Mit seinen langen **Krallen** zog er Äste zum Maul und rupfte die Blätter ab.

Dieser Dino war einer der allergrößten Fleischfresser. Man hat seine Fossilien in Indien gefunden.

Indosuchus

Dieser Raubdino war unglaublich riesig, aber er hatte winzig kleine Arme. Er kämpfte wohl mit seinem gefährlichen Maul und **biss** mit aller Kraft zu.

Riesiger Flieger

Quetzalcoatlus war ein Flugsaurier mit einer Flügelspanne wie ein **Segelflugzeug**! Wie ein Storch schnappte er sich die Beute mit seinem Schnabel.

Dickköpfige Echse

Dieser Dino war ein richtiger **Dickkopf**. Wahrscheinlich rammten die Männchen mit den Köpfen gegeneinander, um auszufechten, wer der Stärkere war.

Wegen seiner winzigen Zähne vermuten Forschende, dass der Dino Pflanzen und Insekten fraß.

Triceratops

Der berühmte Triceratops war so groß und schwergewichtig wie ein Elefant. Er hatte zwei lange Hörner an den Brauen und ein **Nashorn**, mit dem er kämpfte.

Tyrannosaurus

Tyrannosaurus riss sein Opfer in Stücke und war wohl der **gefährlichste** Raubsaurier aller Zeiten. Er konnte sogar den großen, starken Triceratops überwältigen.

Kein Dino konnte mit solcher Kraft zubeißen wie Tyrannosaurus!

Die kräftigen Beine trugen den gewaltigen Körper.

Mächtige Schlange

Die riesige Schlange lebte im Sumpf. Sie konnte schwimmen und verschlang Fische, Schildkröten und sogar Krokodile, und zwar unzerkaut am **Stück**!

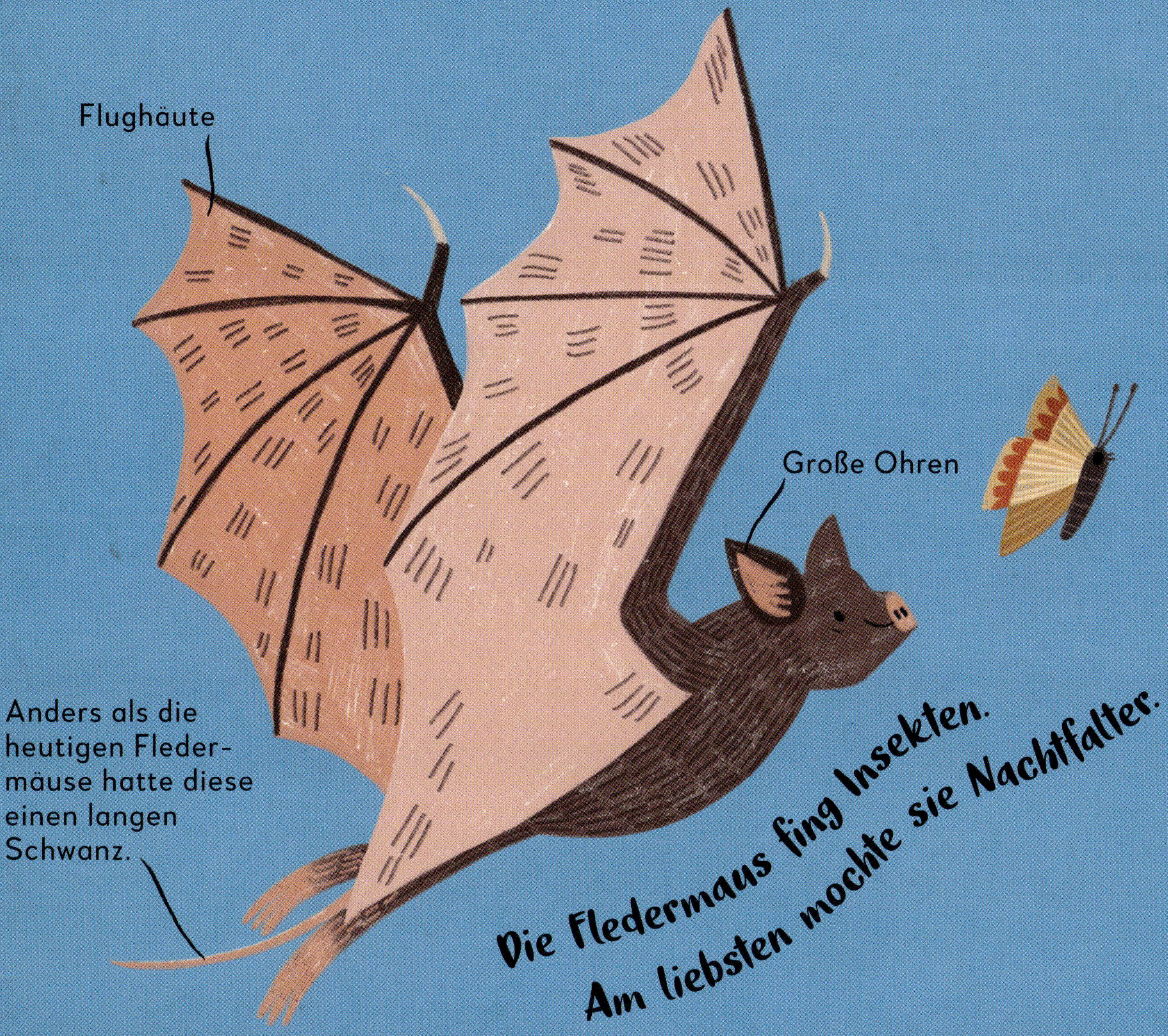

Urzeitfledermaus

Dieses Tier war ein äußerst geschickter **Flieger**. Zum Schlafen hängte sich die Fledermaus kopfüber auf, genau wie die heute lebenden Fledermäuse.

Guter Schwimmer

Der Ambulocetus sah ähnlich aus wie ein Biber oder ein Schnabeltier, aber es war ein urzeitlicher **Wal**, der im Wasser schwimmen und an Land laufen konnte.

Banksia

Diese Pflanze der Urzeit ähnelte **Blütenpflanzen**, die heute in Australien wachsen. Es sind aber nur die holzigen Früchte versteinert, in denen früher die Samen waren.

Äffchen

Dieser **Affe** der Urzeit war so klein, dass er bequem auf deiner Hand hätte sitzen können. Er kletterte und sprang geschickt in den Bäumen herum.

Andrewsarchus

Der Schädel dieses Raubtiers war doppelt so lang wie der eines Bären. Andrewsarchus war aber kein Bär, sondern vielleicht ein urzeitlicher Verwandter der **Schweine**.

Königsechse

Basilosaurus war der erste **riesengroße** Wal. Er war fast doppelt so lang wie ein Bus und lebte im Meer. Dort erbeutete er sogar kleinere Wale!

Als Fossilien des Tiers entdeckt wurden, dachten Forschende, es wäre ein Dinosaurier. Später stellte sich heraus: Er ist ein Säugetier. Der Name wurde aber nicht mehr geändert.

Urzeitpinguin

Dieser Pinguin war **höher** als die meisten Erwachsenen und wohl der größte Pinguin aller Zeiten. Wie die heutigen Pinguine lebte er an Land und fing im Meer Fische.

Weite Ebenen

Nun waren die Dinos ausgestorben, weil ein riesiger Meteorit auf der Erde eingeschlagen war. Auf weiten Ebenen wuchs jetzt vor allem Gras. Hier lebten große **Säugetiere** und **Vögel**.

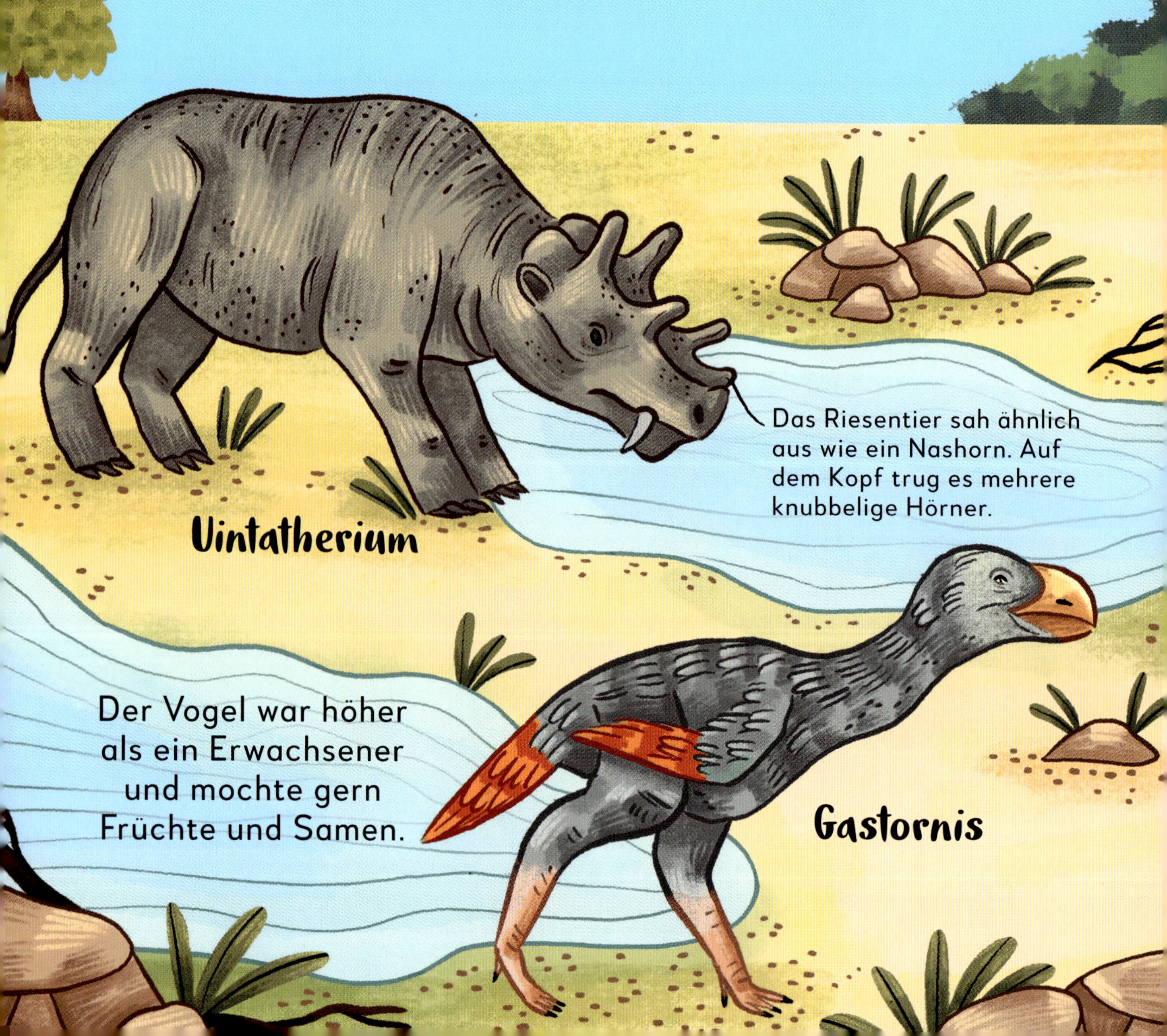

Damals war es auf der Erde viel wärmer als heute.

Diese Säugetiere hatten Hufe an den Zehen. Ansonsten ähnelten sie den heutigen Wölfen. Wahrscheinlich jagten auch sie im Rudel.

Die Urzeitpferde hatten drei Zehen. Die mittlere Zehe war am größten und stärksten.

Größter Landsäuger

Paraceratherium war höher als eine Giraffe und so schwer wie drei Elefanten. Weil es so groß war, lief es ziemlich **langsam**, aber es brauchte sich vor Feinden nicht zu fürchten.

Grabender Biber

Dieser frühe Verwandte der heutigen Biber grub sonderbare spiralförmige **Baue** in die Erde. In einer Höhle tief unten lebte die ganze Biberfamilie.

Amphicyon kämpfte wild mit seiner Beute.

Amphicyon

Amphicyon sah aus wie eine Mischung aus Hund und Bär. Mit seinem starken Gebiss konnte er sogar dicke **Knochen** zerbeißen.

Mega-Hai

Dieser Hai war **gigantisch** groß, ungefähr dreimal so lang wie ein heutiger Weißer Hai! Es war für ihn gar kein Problem, ganze Stücke aus Walen zu beißen.

Krallentier

Dieses verrückte Säugetier war ein Verwandter der Nashörner und Tapire. Seine Vorderbeine waren viel länger und es ging auf seine **Knöchel** gestützt, ähnlich wie Gorillas.

Schaufelzähner

Dieses Tier war ein frühes Rüsseltier, zu denen heute die Elefanten zählen. Mit seinen flachen unteren Riesenzähnen streifte es Rinde von Baumstämmen, um sie zu fressen.

Wie bei Elefanten hatten die Männchen längere Stoßzähne als die Weibchen.

Grabendes Nagetier

Ungefähr so groß wie ein **Dachs** war dieses Nagetier. Obwohl es mit den Mäusen und Eichhörnchen verwandt war, hatte es zwei spitze Hörner auf der Nase.

Macrauchenia

War dieses Tier vielleicht ein Lama oder eher ein Kamel? Nein, es war ein Verwandter der **Pferde**! Mit seinem langen Hals erreichte es Blätter, die hoch oben hingen.

Australopithecus konnte aufrecht auf zwei Beinen laufen. Er war sportlich und machte weite Wanderungen.

Menschenaffe

Australopithecus war einer unserer **Vorfahren**. Er stammte von Affen ab und lief aufrecht wie wir. Forschende haben seine versteinerten Fußspuren gefunden.

Urzeit-Gürteltier

Der riesige Verwandte der Gürteltiere war ungefähr so groß und schwer wie ein Auto. Dieses Tier lebte noch auf der Erde, als es schon Menschen gab.

Smilodon

Dieses riesengroße Kätzchen nennt man auch Säbelzahnkatze. Ihre zwei enorm langen Zähne sahen tatsächlich wie **Säbel** oder Dolche aus.

Smilodon schlich sich an seine Beute heran. Dann **sprang** er auf ihren Rücken und versuchte sie umzuwerfen. Mit einem kräftigen Biss tötete er sein Opfer.

Smilodon konnte sogar kleine Mammuts erlegen.

Beutellöwe

Thylacoleo war ein **Beuteltier** wie die heutigen Kängurus und Koalas. Er war ein Räuber und so gefährlich und stark wie ein Löwe.

Das Tier hatte lange Arme und gekrümmte Krallen. Damit zog es Zweige zu seinem Maul und rupfte die Blätter ab.

Känguru

Dieses Tier war ungefähr dreimal so groß wie die größten Kängurus, die es heute gibt. Das Känguru war so schwer, dass es keine weiten Sprünge machen konnte.

Riesenbär

Arctodus war der größte Bär aller Zeiten.
Wenn er sich aufrichtete, war er viel **höher**
als ein Mensch. Und er war gar nicht wählerisch!
Er verschlang fast alles: Fleisch, Blätter und Früchte.

Faultier

Obwohl er gar nicht so aussieht, war dieser pelzige Kerl ein Verwandter der **Faultiere**. Er war viel zu schwer, um auf Bäume zu klettern und verkroch sich gern in einer Höhle.

Riesenbeutler

So groß wie ein Stier war dieses stämmige Tier. Es war wohl das größte **Beuteltier** aller Zeiten und lebte in Australien. Seine nächsten Verwandten sind die viel kleineren Wombats.

Auf der Suche nach Futter wanderte das Tier weit umher.

Urzeit-Bison

Dieser große Verwandte der heutigen Bisons lebte während der kalten **Eiszeit**. Er streifte mit seiner großen Herde weit umher und fraß vor allem Gras.

Wollmammut

Mit seinem wuchtigen Körper und den riesigen **Stoßzähnen** ähnelte das Mammut einem Elefanten. Das zottelige Fell war in der Kälte ein wunderbarer Pelzmantel.

Mit seinen mächtigen Stoßzähnen **vertrieb** das Mammut Feinde und kämpfte mit anderen Mammuts. Außerdem konnte es mit ihnen auch Dinge herumschieben und in der Erde graben.

Als die alten Ägypter die Pyramiden bauten, lebten noch Mammuts auf der Erde.

Mammuts lebten in großen Herden.

Die kalte Steppe

In der Eiszeit war es in einigen Gegenden viel kälter als heute. In den weiten Steppen wuchsen nur **Gräser**. Hier lebten große Säugetiere.

Diese Löwen versteckten sich oft in Höhlen, weil es dort wärmer war.

Höhlenlöwe

Das vordere Horn war länger als ein Baseballschläger.

Wollnashorn

Die Tiere trugen ein dichtes Fell, das gut gegen die Kälte schützte.

Das Geweih war breiter als vier Türen nebeneinander.

Riesenhirsch

Inzwischen gab es Menschen. Sie jagten die Tiere mit Waffen.

Menschen

Es gab viele kleine und einen großen Kontinent.

Es gab einen einzigen, riesigen Kontinent, genannt Pangäa. Er umfasste alle Landteile.

Die Erde im Wandel

Die Erde ist mehr als 4 Milliarden Jahre alt! In dieser Zeit haben die Landteile, genannt **Kontinente**, ihre Form und Lage verändert und ganze Ozeane sind entstanden und wieder verschwunden.

Vor 120 Millionen Jahren

Pangäa zerfiel erst in zwei Teile und später noch in kleinere.

Heute

Heute gibt es 7 Kontinente in der Welt.

Ein großes Puzzle

Die Oberfläche der Erde ist wie ein riesiges **Puzzle**. Die Teile passen zusammen, aber sie bewegen sich mit der Zeit. Das führt dazu, dass sich auch das Land und das Meer über ihnen bewegen.

Begriffe

ausgestorben
Ein Lebewesen, das es heute nicht mehr auf der Erde gibt.

Bau
Ein Loch in der Erde. Viele Tiere graben Baue, in denen sie vor Feinden sicher sind.

Beute
Ein Tier, das von anderen Tieren gejagt und gefressen wird.

Flosse
Mit diesen flachen Körperteilen paddeln Fische, Meeressaurier und andere Tiere im Wasser.

Fossil
Ein versteinerter Teil eines Tiers oder einer Pflanze der Urzeit. Auch Fußspuren sind manchmal versteinert.

Fühler
Viele Tiere haben lange, dünne Fortsätze am Kopf, mit denen sie tasten oder riechen können.

Herde
Eine große Gruppe, in der viele Tiere leben.

Horn
Ein harter, oft gebogener Fortsatz am Kopf eines Tiers, wie z. B. das Horn eines Nashorns.

Huf
Ein großer, kräftiger Zehennagel. Pferde haben z. B. Hufe.

Insekt
Zu diesen kleinen Tieren mit sechs Beinen gehören z. B. die Ameisen, Libellen und Bienen.

Kamm
Manche Tiere, wie Hühner oder Flugsaurier, tragen auffällige Kämme aus Haut, Federn oder Knochen auf dem Kopf. Sie sollen Aufmerksamkeit erregen.

Kiefer
Der Kiefer ist der Teil des Kopfs, in dem die Zähne sitzen und mit dem das Tier zubeißt.

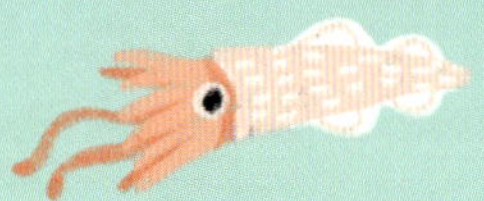

Kralle
Ein gekrümmter Nagel am Finger oder an einer Zehe.

Nackenschild
Triceratops und andere Dinos hatten einen breiten Fächer aus Knochen und Haut hinten am Kopf. Er schützte den Hals.

Nest
Die heutigen Vögel bauen Nester, in die sie ihre Eier legen. Auch viele Dinos bauten Nester, meistens aus Erde.

Panzer
Schildkröten haben z. B. einen stabilen Panzer, der ihren Körper schützt.

Platte
Bei vielen Dinos war der Rücken mit dicken Platten aus Knochen oder Horn geschützt.

Räuber
Ein Tier, das andere Tiere tötet, um sie zu fressen.

Schnabel
Ein harter, vorn zugespitzter Fortsatz am Maul. Mit ihm nimmt das Tier Nahrung auf.

Schuppen
Kleine, harte Platten, die z. B. bei Reptilien und Fischen den Körper bedecken.

Schwimmhäute
Zwischen den Zehen vieler Tiere, wie z. B. Enten, sind Schwimmhäute. Mit ihnen paddeln die Tiere im Wasser.

Stachel
Bei vielen Tieren sitzen dünne, spitze Stacheln am Körper, die zum Schutz dienen.

Stoßzähne
Elefanten und Walrosse haben zum Beispiel solche riesigen, zugespitzten Zähne.

Wirbelsäule
Die Wirbelsäule aus vielen Knochen stützt den Rücken eines Wirbeltiers.

DK | Penguin Random House

Lektorat Olivia Stanford, Marie Greenwood, Jonathan Melmoth, Sarah Larter
Gestaltung und Bildredaktion Holly Price, Sonny Flynn, Diane Peyton Jones
Umschlaggestaltung Elle Ward, Magda Pszuk, Mabel Chan,
Herstellung Dragana Puvacic, Inderjit Bhullar
Text Dr. Dean Lomax
Illustrationen Jean Claude, Marc Pattenden, Sara Ugolotti, Kaja Kajfež

Für die deutsche Ausgabe:
Projektbetreuung Natalie Capalija
Herstellungskoordination Katharina Schäfer
Herstellung Verena Marquart

Titel der englischen Originalausgabe:
The Bedtime Book of Dinosaurs and other Prehistoric Life

Übersetzung Eva Sixt

ISBN 978-3-8310-4798-7
5902-332947-22937-04

Druck und Bindung Leo Paper Products, China

FSC www.fsc.org
MIX
Papier | Fördert gute Waldnutzung
FSC® C018179

www.dk-verlag.de

Dank

Dr. Dean Lomax möchte dieses Buch seinem Freund und Kollegen Jason Sherburn widmen und hofft, dass es ihm Spaß macht, es gemeinsam mit seinem Neffen zu lesen. Außerdem vielen Dank an Natalie Turner für ihre Hilfe!

DK dankt: Rebecca Arlington und Kathleen Teece für die Lektoratsassistenz und Sif Nørskov für die Design-Assistenz.
Die Urzeitlandschaften wurden nach Vorlagen des Colorado Plateau Geosystems Inc. angefertigt.